WENN DU FRAGEN ODER ANREGUNGEN HAST,
DANN MAILE MIR EINFACH:
archie@happyarchie.de

© 2017 Art in Heaven Betriebs GmbH
Vertrieb:
SHEEPWORLD AG
Am Schafhügel 1
92289 Ursensollen

Printed in Europe
ISBN 978-3-946941-06-4

Alle Rechte vorbehalten

www.happyarchie.de

ZIELE SETZEN UND ERREICHEN.
WIE DU ZUM REGISSEUR DEINES LEBENS WIRST!

HALLIHALLO, ICH BIN DER ARCHIE!

Dieses Buch handelt von Zielen, wie man sie sich setzt und auch erreicht. Warum das wichtig ist? Das wirst du gleich sehen.

Was glaubst du, bereuen Menschen am meisten, bevor sie sterben?

Die meisten Menschen bereuen, dass sie nicht die Sachen im Leben gemacht haben, die sie eigentlich machen wollten. Sie wissen, sie haben nicht ihr volles Potenzial gelebt, haben der Welt nicht gezeigt, was sie draufhaben, was ihre besonderen Fähigkeiten und Talente waren.

Das tut weh.

Damit das nicht passiert, habe ich dieses Büchlein geschrieben. Es soll dich wachrütteln und dir mitteilen, dass Zeit kostbar ist, dass wir nur eine bestimmte Zeit auf dieser Welt sind und dass du dir Gedanken machen solltest, was dir im Leben wichtig ist. Je klarer du weißt, was du möchtest, desto einfacher kannst du deine Ziele im Leben erreichen.

ALSO, AUF GEHT'S ...

MACH WAS AUS DEINEM LEBEN

IST DAS GANZE LEBEN EIN ZUFALL?

Viele Menschen fragen sich: Wie wird wohl mein Leben verlaufen? Werde ich irgendetwas erreichen? Wird es etwas geben, worauf ich stolz sein kann? Kann ich glücklich und erfolgreich werden? Ist alles nur Glück oder Zufall?

Wir sind alle keine Hellseher und ich kann dir die Fragen auch nicht beantworten. Aber ich kann beobachten, dass die meisten von uns nicht wissen, dass sie über eine besondere Power verfügen. Mit dieser Kraft können sie aktiv ihr Leben verändern. Aber diese Power wird einfach nicht genügend genutzt.

Wenn du dir Ziele setzt, dann fängst du an, dein Leben zu bestimmen und bist nicht mehr das Opfer der Umstände.

Du kannst entscheiden, wer du sein möchtest.

Wir sind ja nicht automatisch jemand. Das muss jeder für sich definieren. Und das machst du, indem du einfach entscheidest: „Ich bin die beste Mama der Welt" oder „Ich bin ein begnadeter Verkäufer" oder was auch immer. Genauso haben wir die Power, zu entscheiden, was wir im Leben tun oder erreichen wollen.

Und so werden wir zum Regisseur in unserm Leben.

WIE FINDET MAN SEIN LEBENSZIEL?

Gute Frage. Ich weiß nicht, ob man einfach so sein Ziel im Leben findet. Vielleicht macht es ja bei dem einen oder anderen einfach mal „Bling" und man hat die totale Erleuchtung.

Ich glaube aber eher, dass wir uns unsere Ziele selber setzen müssen. Jeder für sich. Wir sind nämlich alle unterschiedlich, mit unterschiedlichen Fähigkeiten und Leidenschaften. Was für den einen gut ist, ist für den anderen schlecht. Jeder muss für sich herausfinden, wer er ist und was er im Leben machen will.

Ich glaube auch, dass wir im Leben unseren Weg und unsere Ziele korrigieren müssen. Eben je nachdem, welche Erkenntnisse wir haben.

Mit 20 weißt du vielleicht noch nicht genau, was du im Leben willst. Mit 40 erkennst du dann eventuell: „Mein Gott, ich war die letzten Jahre auf einem total falschen Trip."

Kein Problem: Setz dir einfach neue Ziele.

Wo willst du hin? Was willst du wirklich im Leben? Wie kannst du wirklich lebendig werden? Was erfüllt dich mit Energie, Leben und Leidenschaft? Was ist das Besondere an dir? Wie kannst du es am besten rausbringen? Was ist deine Vision von deinem Leben?

Das musst du echt rausfinden. Ansonsten verschwendest du viel Zeit mit Sachen, die dich nicht weiterbringen oder dich nicht erfüllen.

Ich sehe immer wieder Menschen, die ohne Energie sind, weil sie einfach noch nicht ihr Ding gefunden haben. Sobald du weißt, was du im Leben machen willst, hast du plötzlich Zugang zu unheimlich viel Energie und Lebensfreude. Also ist es gut investierte Zeit, sich Gedanken über dieses Thema zu machen.

VERSCHIEDENE ARTEN VON ZIELEN

Du fängst natürlich erstmal mit deinen größten Zielen an. Was macht den Sinn deines Lebens aus? Was ist dein Hauptziel, dein grundlegendes Ziel? Deine Mission sozusagen? Das kann manchmal etwas dauern, bis du es rausfindest.

Nimm dir immer wieder etwas Zeit im Leben, um über dieses Ziel nachzudenken. Daneben gibt es natürlich mittelgroße Ziele und hunderte kleinere Unterziele.

Einen guten Tipp kann ich dir geben: Lege dir ein Zielebuch zu. Da schreibst du alle deine Zielvorstellungen rein, dann gehen sie nicht verloren.

Du solltest dann mit diesem Buch täglich arbeiten, immer wieder reinschauen und dir Ziele aufgreifen, an denen du arbeiten möchtest. Damit hältst du deine Ziele lebendig.

Das ist schon mal der erste Schritt. Werde dir über deine Ziele klar und formuliere sie aus.

EIN GLÜCKLICHES LEBEN

Ein glückliches Leben wünschen sich die meisten von uns. Das Leben hat viele Aspekte, aus denen man Lebensfreude ziehen kann. Glücklich leben, das ist für mich eine gute Mischung aus Selbstverwirklichung, einem erfüllenden Job, schönem Familienleben, guten Freunden, Reisen, Abenteuer, Natur und jeder Menge Spaß. Ich möchte mich einfach rundum wohlfühlen und mein volles Potenzial entwickeln.

Wenn ich Leute mal frage: „Was ist dein Ziel im Leben?" kommt meist ein „Weiß ich nicht so genau, aber viel Kohle wäre nicht schlecht." Junge Leute wollen gerne berühmt werden. Vielleicht kommen dann noch ein paar materielle Ziele, wie ein dickes Auto oder ein tolles Haus. Das ist nicht sehr konkret. Wenn du nicht weißt, was deine Ziele sind, dann bist du wie ein Papierschiffchen auf dem Wasser. Du treibst so herum und dein Leben passiert mehr oder weniger zufällig.

WERDE ZUM REGISSEUR DEINES LEBENS

Die augenblickliche Situation deines Lebens ist das Resultat deiner Denkweise und deiner Erziehung. Guck dich mal um: Wo stehst du jetzt?

Wenn wir ehrlich sind, ist alles im Leben immer ein Ergebnis von etwas – es hat einen Grund.

Wenn wir hauptsächlich Pizza, Nudeln und Hamburger in uns reinschieben und uns nicht groß bewegen, dann werden wir schnell dick.

Wenn wir uns nicht weiterbilden, gucken wir irgendwann doof aus der Wäsche. Wenn wir zu faul sind, um zu arbeiten, haben wir keine Kohle. Wenn du heute nicht da bist, wo du sein möchtest, dann bist du noch nicht der Regisseur in deinem Leben.

Merkst du, worauf ich hinauswill? Jetzt ist es natürlich leicht, mit den Fingern auf andere zu zeigen: meine Eltern sind schuld, mein Partner ist schuld, mein Chef ist schuld.

Aber weißt du was: Die anderen sind nicht schuld – auch wenn das bequemer wäre. DU bist die Ursache in deinem Leben.

Wenn du es positiv siehst, heißt es eigentlich nur: Du hast die Macht über dein Leben. Und damit hast du auch die Power, die Dinge zu verändern.

Wie ein Regisseur kannst du einen supertollen Film über dein Leben drehen oder einen, den keine Sau interessiert. Ey, du bist der BIG BOSS! Du hast das Sagen. Änderst du dein Denken und deine Zielsetzungen, dann wird sich bei dir einiges verändern. Das sind doch tolle Neuigkeiten, oder?

Aber wenn du deine Power nicht benutzt, dann tanzen dir alle auf der Nase rum und du wirst vielleicht ein ziemlich beknacktes Leben führen.

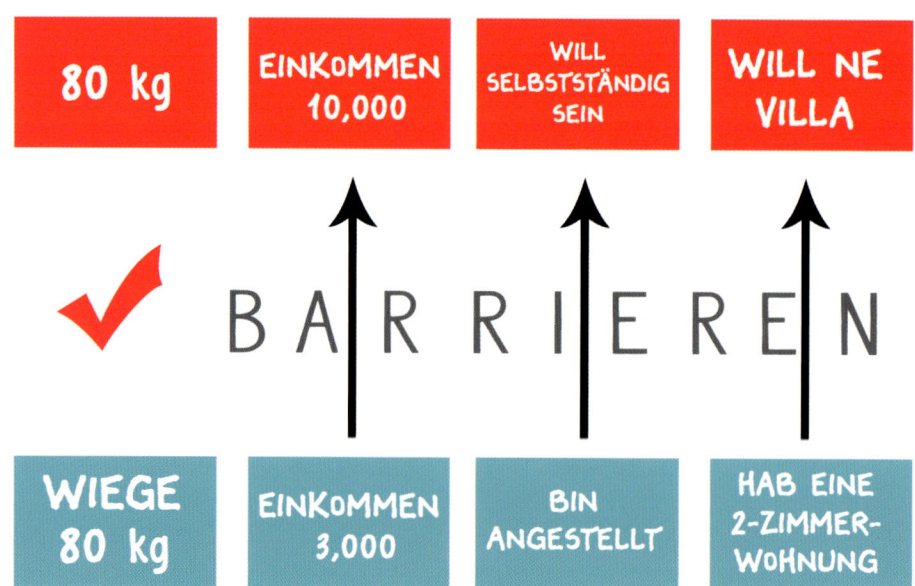

WO STEHST DU HEUTE

Wie sieht dein Leben heute aus? Ganz ungeschminkt. Sei ehrlich mit dir selbst und rede dir das Leben nicht schön. Denn wenn du dir selber was vormachst, kann sich auch nichts verändern. Vielleicht musst du dir eingestehen: „Oh je, mein Leben ist ein einziges Chaos!"

Bravo, gratuliere! Es gehört viel Mut dazu, wirklich hinzuschauen.

CHECK DICH MAL DURCH: Wie geht es dir körperlich? Wie läuft deine Beziehung? Wie geht es im Büro? Wie stehen die Finanzen?

Ich meine, läuft alles bei dir oder klemmt es irgendwo? Mach mal eine Bestandsaufnahme – wie beim TÜV.

Wenn du weißt, wo du stehst, bist du bereit für den zweiten Schritt.

Du entscheidest jetzt, ob du etwas im Leben verändern willst oder nicht. Ja, das muss man wirklich entscheiden, von alleine passiert da nix. Du musst also dein Ziel möglichst genau definieren. Wenn du weißt, wo du hinwillst, dann ist das schon die halbe Miete.

WAS SIND DEINE BARRIEREN?

Wenn du etwas im Leben verändern willst, stößt du auch ziemlich schnell auf Barrieren und Stolpersteine.

Oft fehlt dir zum Beispiel das nötige Wissen, wie du Dinge anpackst oder erledigst. Ok, dann musst du dir dieses Wissen besorgen.

Es gibt Leute, die immer wieder Erfolg haben. Und das liegt vor allem an ihrer Einstellung. Denn erfolgreiche Leute klagen nicht, sie beschaffen sich einfach die fehlenden Informationen, lernen, was es zu lernen gibt, und gehen weiter.

JEDE Barriere kann überwunden werden, jede! Egal wie sie auch heißen mag: fehlende Kohle, Zeit, Beziehungen oder Informationen.

Schreib dir am besten diesen Satz irgendwo hin, wo du ihn jeden Tag sehen kannst: „Ich gebe nie auf. Es gibt für alles eine Lösung."

WIE SOLL DEIN LEBEN AUSSEHEN?

Lass uns ruhig mal ein bisschen rumspinnen. Du musst dir vorstellen: Jeder hat seine eigene Gedankenwelt. Es ist dein eigenes Universum, in dem du dir alles so zusammen basteln kannst, wie DU das willst. Gedanken sind frei und es gibt da keine Grenzen.

Wenn du zum Beispiel ein bestimmtes Land bereisen möchtest, dann uploade jetzt quasi deine Vorstellung über das Land und sieh dich selbst dort. Bekomme die Vorstellung, wie du dich dort fühlst. Sieh das Hotel, die Menschen, die Landschaft … .

Fertig?

Nimm dir jetzt andere Lebensbereiche vor, wie zum Beispiel deine Beziehung oder deinen Job und mach dir für jeden Bereich gedanklich Bilder, wie du es optimal haben möchtest.

Stell sicher, dass es wirklich DEINE Gedanken sind und lass nicht zu, dass dir andere in deine Welt reinpfuschen. Sei der Hüter deiner Gedanken!

BENUTZE DIE KRAFT DEINER GEDANKEN

Gedanken sind auch eine gewisse Form von Energie und wenn du einen bestimmten Gedanken immer wieder auf etwas richtest, dann packst du da immer ein bisschen mehr Energie hin.

Du wirst sehen, das wird über kurz oder lang eine Wirkung haben: Du triffst vielleicht die richtigen Leute, die du für dein Projekt brauchst oder es passieren andere tolle Dinge, die aussehen wie Zufälle. So wirst du viel bewusster daran arbeiten, dein Ziel wirklich zu erreichen.

Sicher hast du dir auch schon vorher unbewusst Dinge mit deinen Gedanken ausgemalt – jetzt kannst du diese Methode ganz gezielt für deine Ziele einsetzen.

Versuche, dir ein Bild von der Zukunft zu machen, möglichst detailliert und genauso, wie du es möchtest. Danach wird in die Hände gespuckt und es geht an die Arbeit.

ÄNDERE DEINE EINSTELLUNG

Wenn du merkst, dass du auf negative Gedanken stößt, die dich immer wieder behindern, dann solltest du das

   a) erkennen

   b) dir deine limitierenden, negativen Gedanken aufschreiben und sie durch positive, neue ersetzen.

Negative Gedanken sind wie Unkraut, sie saugen uns wirklich die Energie ab. Ein kleines Beispiel: Du willst 3 x in der Woche Sport machen, du kriegst das aber nicht auf die Reihe. Du denkst aber: „Scheiße, mir fehlt immer die Zeit."

Siehst du, was du da machst? Du glaubst selber, dass dir immer die Zeit fehlt und jetzt wunderst du dich, dass du sie nicht hast?

Jetzt programmierst du dich neu und sagst dir: „3 x Sport die Woche, das kriege ich locker hin." Und siehe da, nach und nach wird es deine neue Realität. Gratuliere!

Wichtig: Du musst dir dein neues Denken immer wieder einhämmern, bis es dir in Fleisch und Blut übergeht. Is klar, ne?

ALTES DENKEN	NEUES DENKEN
ICH KRIEGE NIE, WAS ICH WILL.	ICH ERREICHE ALLES, WAS ICH MÖCHTE.
ICH KANN MICH NICHT ENTSCHEIDEN.	ICH WEISS IMMER, WAS DIE RICHTIGE ENTSCHEIDUNG IST.
ICH BIN IMMER SCHLAPP UND KRIEG NIX AUF DIE REIHE.	ICH BIN VOLLER ENERGIE UND KRIEGE ALLES GEBACKEN.
ICH FINDE MICH HÄSSLICH.	ICH LIEBE MICH SO, WIE ICH BIN.
ICH TRAU MICH NICHT, VOR LEUTEN ZU SPRECHEN.	ICH LIEBE ES, VOR LEUTEN ZU SPRECHEN.

WAS TREIBT DICH AN?

Du musst unbedingt wissen, was dich motiviert! Wenn du das rausbekommst, kannst du es einsetzen, um deine Ziele zu erreichen.

Was spornt dich an? Was gibt dir Energie, erweckt dich zum Leben, lässt dich durchhalten, trotz aller Schwierigkeiten? Das sind deine persönlichen Antriebskräfte.

Geld? Liebe? Ruhm? Macht? Besitz? Wissen? Freiheit? Freundschaft? Helfen? Gutes Aussehen? Gesundheit? Reisen? Abenteuer? Kunst? Selbstständigkeit? Soziales Engagement?

Das sind alles Antriebskräfte, die du auch brauchst, um Großes zu erreichen. Viele Männer reißen sich zum Beispiel gerne ein Bein aus, um Frauen zu beeindrucken. Napoleon und viele andere große Powertypen hatten alle eine Frau an ihrer Seite, die sie zu Höchstleistungen motivierte.

Was ist deine Motivation?

Finde es heraus und du hast den Schlüssel zu deinem Turbomotor in der Hand.

WAS IST DAS BESONDERE AN DIR?

Es gibt Milliarden von Menschen, aber du bist einmalig. Es gibt keinen Zweiten, der so ist wie du.

Also, was macht dich aus? Was kannst du besonders gut? Was für ein Talent hast du? Was begeistert dich? Was willst du in diesem Leben machen? Was ist deine Botschaft an die Welt? Wofür möchtest du dich einsetzen? Was für ein Leben würdest du geil finden? Wofür bewundern dich andere? Was sagt man dir nach?

Na, hat es irgendwo ‚klick' gemacht? Huschte da vielleicht irgendwo ein Lächeln über dein Gesicht? Dann solltest du da mal genau hingucken. Denn wenn du unwillkürlich lächeln musst, dann gibt's da was, was dich begeistert. Und was dich begeistert, führt dich direkt zu deinen Zielen.

Wenn ich dein Coach wäre, würde ich dir genau diese Fragen stellen. Und wenn ich sehen würde, wie deine Augen zu strahlen anfangen, dann würde ich dir einen Spiegel vorhalten und sagen:

„Guck dich mal an, du hast gerade deine Einmaligkeit, deine Freude, dein Potenzial entdeckt."

GENIAL, JETZT MUSST DU ES NUR NOCH UMSETZEN!

JETZT TRAU DICH WAS

Jetzt hast du vielleicht gerade erkannt, dass du gerne Menschen über gesunde Ernährung informieren möchtest. Super! Der zweite Gedanke lässt dich jedoch gleich wieder erschauern, weil du Bammel hast, dass dich Radio und Fernsehen irgendwann zum Interview einladen. Du bist hin- und hergerissen. Da sind noch 1.000 Fragen und Unsicherheiten. Und immer diese verflixten Gedanken: „Was ist, wenn ich mich blamiere?"

Jetzt mal ehrlich, was kann Schlimmeres passieren, als dass es eben schiefgeht. Na und? Dann probierst du es halt wieder – bis es klappt!

Eines ist ganz sicher: wenn du aus deiner Komfortzone aussteigst, dann wird das Leben total aufregend und spannend. Glaub mir, probier's aus und hab Spaß dabei!

Du wirst auch an diesen Herausforderungen wachsen. Nach einer gewissen Zeit entwickelst du dich zu einem richtigen Profi, den nichts mehr erschüttern kann.

DU WEISST JA: ÜBUNG MACHT DEN MEISTER.

KLEIN ANFANGEN IST VÖLLIG OK

Wenn man sich große Ziele setzt, dann kann man allerdings auch sehr schnell davon überwältigt werden. So nach dem Motto: „Verdammt, wo fang ich denn jetzt bloß an."

Am besten nicht lange rumeiern und einfach einen ersten, kleinen Schritt machen. Ich hatte z. B. die Vision, eine große Grußkartenfirma zu besitzen mit den schönsten und besten Karten.

Was hab ich gemacht? Ich bin erstmal auf Kunst- und Weihnachtsmärkte gegangen und hab da meine Karten getestet. Wenn du sowas ein paarmal gemacht hast, weißt du genau, wie die Kunden über das Produkt denken. Es gibt keine bessere Schule als den Direktkontakt zu Menschen.

Also, wenn du eine Idee hast, mach den ersten, kleinen Schritt. Wenn du eine Saftbar eröffnen willst, dann versuch es doch erstmal auf einem Wochenmarkt und teste. Alle haben mal klein angefangen. So minimierst du auch dein finanzielles Risiko.

WER ETWAS VERÄNDERN WILL BRAUCHT MUT UND AUSDAUER

Ziele erreichst du in der Regel nicht von heute auf morgen.

Da musst du echt am Ball bleiben und deinen Blick immer wieder auf das richten, was du willst. Lass dich nicht ablenken, konzentrier dich auf deine Ziele und nicht auf die Probleme!

Ein großer Philosoph hat einmal gesagt: „Es gibt kein Versagen, es gibt nur ein zu frühes Aufgeben."

Oft lassen wir uns zum Beispiel bereits von Menschen entmutigen, die wir zu unseren Freunden zählen: „Mensch Junge, quäl dich doch nicht so. Wenn du weitermachst, ruinierst du noch dein ganzes Leben."

Tja, klingt so, als ob sie es echt gut meinen, aber in Wirklichkeit sagen sie dir nur: „Gib besser auf."

Und warum? Vermutlich weil sie selber längst aufgegeben haben. Da gehört dann schon ein gewisser Mut dazu zu sagen: „Danke für den Tipp, aber ich mach weiter."

WILLKOMMEN

★ IM CLUB DER ★

GEWINNER

BRING DICH IN EINEN GUTEN ZUSTAND

Wenn eine Fußballmannschaft das Ziel hat, ein Spiel zu gewinnen, dann braucht es Disziplin, Fokus, Begeisterung, regelmäßiges Training und körperliche Bestform.

Im Leben gilt das gleiche, wenn wir unsere Ziele erreichen wollen. Zu wenig Schlaf, schlechtes Essen, zu viele Parties, Rauchen und Alkohol machen uns schlapp. In so einem Zustand werden wir sicher nichts Großartiges leisten.

Und um unsere Ziele zu erreichen, brauchen wir bestimmte Charaktereigenschaften und Werte.

Jeder hat die Freiheit, selber zu entscheiden, für welche Werte er steht. Wenn du dich selber definierst als gradlinig, ausdauernd, diszipliniert, fleißig, verantwortungsvoll und ehrlich, dann wird es dir leichter fallen, deine Ziele zu erreichen.

MEIN TIPP: Schreib auf, für welche Werte du stehst. Und dann handle auch entsprechend.

ALLES LOCKER VOM HOCKER

Wenn du dir Ziele setzt und die auch erreichen willst, solltest du dir diese Punkte merken:

1. Zweifle **NIE** an der Erreichung deiner Ziele, ansonsten erreichst du sie nämlich nicht.

2. Um deine Ziele zu erreichen, musst du **GENAU** wissen, was du willst. Am besten schreibst du es dir auf. Das schafft Klarheit.

3. Stell dir dein Leben immer so vor, als hättest du deine Ziele **JETZT** schon erreicht.

4. Bleib **LOCKER** und spielerisch. Alles, was du zu verkrampft und angestrengt machst, geht den Bach runter.

5. Mach dir einen guten **PLAN**, wie du die ganze Sache umsetzt.

6. Für deine Ziele musst du **ALLE HEBEL** in Bewegung setzen und was **TUN**.

DEIN NEUES LEBEN

Ich habe ein schönes Beispiel von meinem Sohn Mario: Er absolvierte mit 23 Jahren schon eine 4-jährige Managementausbildung in Los Angeles. Danach hatte er die Möglichkeit, durch seine Beratung richtig schön Kohle zu machen. Als dann aber die Praxis kam, stellte er fest, dass es ihm gar keinen wirklichen Spaß machte.

Er merkte, dass seine größte Leidenschaft immer die Modefotografie gewesen war. Also hat er noch mal eine neue Ausbildung gemacht und ist dann ins Fotogeschäft eingestiegen.

Jetzt kann man natürlich sagen, ganz schön blöd, erst verklüngelt er 4 Jahre, dann hat er die Möglichkeit, die dicke Kohle zu machen und plötzlich fängt er in einem Geschäft an, wo nur wenige es schaffen, erfolgreich zu werden. Aber ist es nicht auch ein gutes Beispiel, dass einer eine sichere Sache sausen lässt, um das zu machen, was ihn erfüllt? Da gehört schon einiges an Mut dazu. Und Geld ist eben nicht alles.

Ich bin froh, dass er damals die Kurve doch noch hinbekommen hat und heute glücklich und zufrieden mit seiner Entscheidung ist.

DREH DEN BESTEN FILM DEINES LEBENS

SO, WIR KOMMEN ZUM ENDE UNSERES KLEINEN BÜCHLEINS.

Du hast jetzt viele Tipps als Werkzeuge in der Hand. Und vor allem: du weißt, dass du die Power hast, dein Leben selber zu gestalten. Mach jetzt das Beste draus. Drehe deinen großartigen Film und gewinn den Oskar – den Oskar für ein glückliches Leben.

Je mehr du weißt, wer du bist und was dich erfüllt, umso besser wird dein Leben sein und umso mehr wirst du andere Menschen inspirieren, dasselbe zu tun.

Ich wünsch dir von Herzen nur das Beste

DEIN ARCHIE

ARCHIE - LIVING A HAPPY LIFE

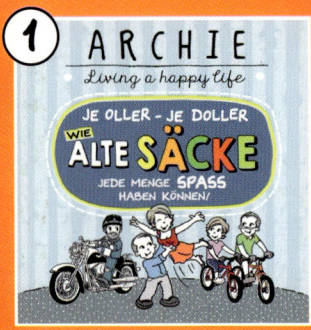

Art.Nr.: 94100

Art.Nr.: 94101

Art.Nr.: 94102

Art.Nr.: 94103

Art.Nr.: 94104

Art.Nr.: 94105

WENN DU FRAGEN ODER ANREGUNGEN HAST, DANN MAILE MIR EINFACH.

archie@happyarchie.de • www.happyarchie.de